10 Tipps für den unkomplizierten Sofort-Kredit !

„Kredit ohne Schufa"

Kredit ohne Vorkosten,

schnelle Zusage, auch wenn Ihre Bank NEIN gesagt hat…..

Ihr Kredit steht bereit….

Diese Nachricht können auch Sie schon in wenigen Stunden bekommen.

Mit diesen Tipps und Tricks aus diesem Taschenbuch finden Sie ganz schnell den perfekten Kredit und werden sofort wieder flüssig.

Ihre kostengünstigen Kredit bekommen Sie hier unter …. klick

i

Über uns: Warum wir Ihnen helfen können .

Liebe Leserin, lieber Leser,
„Ihr Kredit steht bereit"

diese Nachricht können auch Sie schon in
wenigen Stunden bekommen.

Mit den Tipps und Tricks aus diesem
Taschenbuch finden Sie ganz schnell den
perfekten Kredit und werden sofort wieder flüssig.

Negative Schufa-Merkmale und bestehende
Kredite sind oft kein Problem – auch wenn Ihre
Bank Ihnen das Gegenteil einreden will.

Dieses Taschenbuch

zeigt Ihnen,

wie Sie selbst in schwierigen Fällen sofort Kredit
bekommen.

Viel Erfolg und alles Gute, Jörg Kassel,

Kreditexperte P.S.:

Haben Sie Fragen oder Anregungen?

Ich freue mich auf Ihre Nachricht an

>>>>hier klicken<<<<

Ihre kostengünstigen Kredit bekommen Sie hier unter …. klick

Tipp 1:

Nutzen Sie nur Angebote ohne Vorkosten Wenn Sie im Internet nach Krediten mit oder ohne Schufa suchen, finden Sie eine große Zahl von Anbietern.

Bei vielen von ihnen gibt es jedoch einen entscheidenden Haken: Bevor Sie hier ein Angebot erhalten, sollen Sie erst einmal Geld bezahlen. Besonders erschreckend: Die Zahlung der Gebühr garantiert keineswegs, dass Sie am Ende tatsächlich einen Kredit bekommen.

Die Anbieter versprechen lediglich, dass sie sich gegen Vorkasse um Ihr Anliegen kümmern werden. Mein klarer Tipp: Finger weg von Angeboten mit Vorkosten! - Lassen Sie sich auf keine Vorab-Zahlungen ein, die nur den Anbietern nutzen. Konzentrieren Sie sich bei Ihrer Suche nach einem Kredit stattdessen auf seriöse Partner wie Bon-Kredit.

Bon-Kredit verhilft seinen Kunden seit mehr als 40 Jahren zu günstigen Krediten. Sie bekommen Ihr Angebot hier IMMER ohne Vorkosten. Sie müssen also keinen Cent vorab bezahlen und gehen deshalb kein Risiko ein. Bon-Kredit ist überzeugt, dass Sie eine gute Kreditentscheidung nur auf der Basis eines kostenfreien Angebots treffen können. Wenn Sie schon Geld bezahlen mussten, dann wollen Sie diese Summe nicht verlieren – und geraten deshalb vielleicht in Versuchung, einen wenig attraktiven Kredit anzunehmen. Bon-Kredit möchte aber, dass Sie immer das BESTE Darlehen erhalten. Fragen Sie also ausschließlich bei Anbietern ohne Vorkosten nach einem Kredit.

Bei Bon-Kredit profitieren Sie von der Kostenlos-Garantie: Für Ihre Anfrage und Ihr Angebot müssen Sie hier niemals Geld bezahlen.

Tipp 2:

Sichern Sie sich Ihren Kredit so früh wie möglich Wenn Sie in Zeitnot sind und das Geld schnellstmöglich brauchen, kann Ihnen Bon-Kredit mit einem Eilkredit helfen.

Deutlich entspannter verläuft die Kreditsuche aber, wenn Sie rechtzeitig nach einem Darlehen fragen. Je mehr Zeit Sie haben, um Ihren Kredit zu finden, desto besser. Sie bekommen Ihr Angebot hier IMMER ohne Vorkosten.

Ihr Angebot Eilkredit Deshalb gilt: Können Sie absehen, dass Sie in einigen Wochen oder Monaten Geld brauchen werden, dann ist JETZT der richtige Zeitpunkt für Ihre Kreditanfrage.

Mit der Kreditzusage in der Tasche lebt es sich wesentlich besser. Und wenn Sie das Geld nicht heute brauchen, sondern erst in vier Wochen, dann rufen Sie das Darlehen eben erst in einem Monat ab.

Bei Bon-Kredit fühlen sich die Bankpartner an ihr Angebot gebunden. Die vorteilhaften Konditionen bleiben also bestehen - auch wenn Sie sich den Kredit nicht unmittelbar auszahlen lassen, sondern erst ein paar Wochen später.

Mein Profi-Tipp lautet daher: Schieben Sie die Suche nach einem Kredit nicht auf die lange Bank, sondern stellen Sie Ihre Anfrage am besten JETZT SOFORT.

Tipp 3:

Wählen Sie eine realistische Kreditsumme!

Ein guter Kredit muss zu Ihnen passen. Das bedeutet auch, dass er sie finanziell nicht überfordern darf.

Sie sollten sich also die monatlichen Kreditraten problemlos leisten können – ansonsten werden Sie mit Ihrem Darlehen auf Dauer kaum glücklich.

Seriöse Anbieter von Krediten achten darauf, dass Sie kein zu hohes Darlehen aufnehmen.

Bon-Kredit zum Beispiel nimmt hier seine Verantwortung sehr ernst. Es geht nicht darum, ein möglichst hohes Kreditvolumen zu erreichen – sondern darum, Ihnen wirklich und dauerhaft zu helfen. Ihre Kreditanfrage Anfrage.

Ein zu hoher Kredit, der Ihnen die Luft zum Atmen nimmt, ist keine Hilfe, sondern eine Belastung.

Auf Dauer würde sich Ihre Situation verschlechtern statt verbessern.

Bon-Kredit schlägt Ihnen deshalb immer nur solche Kredite vor, die Sie sich auch wirklich leisten können.

Tipp 4:

Achten Sie auf vollständige und wahrheitsgemäße Angaben.

Ihre Kreditzusage kommt oft schon kurz nach der Anfrage – vorausgesetzt, die Bank hat alle Angaben und Unterlagen von Ihnen, die für die Entscheidung erforderlich sind.

Deshalb gilt:

Beantworten Sie alle Fragen korrekt, machen Sie detaillierte Angaben zu Ihren Einnahmen und Ausgaben.

Und achten Sie darauf, dass Sie alle Zahlen auch belegen können. Kredite sind Vertrauenssache – bleiben Sie deshalb immer bei der Wahrheit.

Auch in schwierigen Situationen kann Ihnen Bon-Kredit helfen. Das ist aber nur möglich, wenn sich die Kreditexperten ein realistisches Bild von Ihrer Situation machen können.

Legen Sie also mögliche Probleme offen auf den Tisch.

Sie werden sehen, dass Bon-Kredit in den meisten Fällen eine gute und schnelle Lösung findet.

Tipp 5:

Suchen Sie sich einen Mitantragsteller

Reicht Ihr Einkommen für einen Kredit nicht aus?

Dann suchen Sie einen Mitantragsteller, der mit Ihnen gemeinsam das Darlehen beantragt.

Für die kreditgebende Bank bedeutet das: Nicht nur Sie allein stehen für die Tilgung des Kredits ein, sondern zusätzlich eine weitere Person.

Dadurch sinkt für die Bank das Risiko, und Ihre Chancen auf eine Kreditzusage steigen erheblich.

Wer kommt als Mitantragsteller in Betracht?

Besonders gut geeignet sind Verwandte oder enge Freunde, denen Sie vertrauen und die Ihnen vertrauen.

Geben Sie die Daten des Mitantragstellers gleich bei Ihrer Anfrage mit an.

Auch vom zweiten Antragsteller braucht die Bank dann die üblichen Unterlagen, insbesondere einen aktuellen Verdienstnachweis.

Tipp 6:

Unterschreiben Sie nicht vorschnell bei Ihrer Bank!

Haben Sie die Chance, einen Kredit bei Ihrer Hausbank zu bekommen?

Mein Tipp: Schauen Sie sich in diesem Fall das Angebot ganz genau an.

Viele Geldhäuser speisen Ihre bestehenden Kunden mit sehr schlechten Konditionen ab.

Vertrauen Sie also nicht darauf, dass die Bank Ihre langjährige Treue mit besonders günstigen Zinsen belohnen wird – oft ist das glatte Gegenteil der Fall.

Wenn Sie vorschnell einen Kreditvertrag mit hohen Zinsen unterschreiben, kann der eine sehr teure Fehler sein.

Besser, Sie holen sich vorher mindestens ein Vergleichsangebot per Internet.

Bon-Kredit präsentiert Ihnen das Beste von bis zu 20 verschiedenen Banken in einem Angebot – und das garantiert ohne Vorkosten.

Tipp 7:

Lassen Sie sich von Absagen bei anderen Banken nicht entmutigen.

Vielleicht versuchen Sie schon seit einiger Zeit, einen Kredit zu bekommen – bislang hagelte es aber eine Absage nach der anderen?

Lassen Sie sich davon keinesfalls entmutigen!

Selbst in sehr schwierigen Situationen gibt es oft noch eine Lösung – zumindest dann, wenn Sie einen Profi wie Bon-Kredit als Partner an Ihrer Seite haben.

Bon-Kredit arbeitet mit einer Reihe von Kreditgebern zusammen, die auch bei schlechter Schufa und bei bestehenden Verpflichtungen Darlehen vergeben.

Absagen von verschiedenen Banken sind also kein Grund, den Kopf in den Sand zu stecken.

Bon-Kredit findet oft trotzdem den passenden Kredit.

Tipp 8:

Vergessen Sie Kreditrechner!

Den Wunschkredit in Sekundenschnelle selbst online ausrechnen?

Das klingt gut, funktioniert in der Praxis aber leider nicht.

Ein Kreditrechner im Internet kann immer nur beispielhafte Angebote errechnen.

Das bedeutet:

Ob Sie tatsächlich ein Darlehen zu diesen Konditionen erhalten, steht in den Sternen.

Viele Kreditsuchende haben schon eine böse Überraschung erlebt, nachdem sie sich auf einen Kreditrechner verlassen hatten. Entweder gab es von der Bank am Ende gar keine Kreditzusage – oder die Zinsen sollten auf einmal deutlich höher ausfallen.

Ihre kostengünstigen Kredit bekommen Sie hier unter …. klick

Ein Kreditrechner verrät Ihnen, welches Darlehen ein durchschnittlicher Kunde bei einer Bank bekommen kann.

Doch was ist schon ein durchschnittlicher Kunde? Und was passiert, wenn Sie zum Beispiel einen negativen Eintrag bei der Schufa haben?

Dann können Sie die Berechnungen meist ganz schnell vergessen. Ein individuelles Angebot von Bon-Kredit ist die perfekte Alternative zum Kreditrechner.

Der Kredit-Vorschlag ist exakt auf Sie und Ihre finanziellen Verhältnisse abgestimmt. Auf die Angaben zur Höhe der Zinsen und der monatlichen Rate können Sie sich zu 100 Prozent verlassen.

Ohne böse Überraschungen und ohne Fallstricke.

Tipp 9:

So bekommen Sie trotz schlechter Schufa einen normalen Kredit.

Bei vielen Banken bedeutet eine schlechte Schufa beinahe automatisch das „Aus" für Ihren Kreditwunsch.

In den Augen der meisten Geldhäuser gelten Sie mit negativen Schufa-Merkmalen als praktisch nicht kreditwürdig.

Selbst Ihre Hausbank dreht den Geldhahn zu und gibt Ihnen kein Darlehen mehr.

Bon-Kredit hingegen lässt Sie auch in schweren Zeiten nicht im Regen stehen.

Eine schlechte Schufa ist hier im Regelfall kein Problem.

Denn Bon-Kredit kennt die Geldgeber, die Ihnen trotz negativer Schufa-Einträge Kredit geben.

Wichtig:

Ihre kostengünstigen Kredit bekommen Sie hier unter .... klick

Nur weil Ihre Kreditauskunft schlecht ist, brauchen Sie nicht automatisch einen Kredit ohne Schufa – Sie können sehr oft auch ein reguläres Darlehen erhalten.

Das ist fast immer günstiger als ein schufafreier Kredit.

Außerdem geht die Abwicklung

schneller über die Bühne.

Bon-Kredit ist bekannt als eine der ersten Adressen für komplizierte Fälle. Wenn auch Sie einen Kredit trotz schlechter Schufa haben wollen, fragen Sie am besten direkt hier an „Ihr Kredit ohne Vorkosten unter

>>>>mehr dazu<<<<

Ihre kostengünstigen Kredit bekommen Sie hier unter …. klick

Tipp 10:

Lassen Sie sich von Profis helfen.

Der Weg zu einem günstigen Kredit kann sehr steinig sein. Unterwegs lauern viele Hindernisse und so manche teure Falle.

Mein klarer Tipp deshalb:

Sichern Sie sich die Unterstützung von echten Profis, die sich auskennen.

Bon-Kredit verhilft seinen Kunden seit mehr als 40 Jahren zu Darlehen mit und ohne Schufa.

Von dieser enormen Erfahrung können Sie OHNE VORKOSTEN profitieren.

Sie brauchen nur Ihre Kreditanfrage online abzusenden – den Rest erledigt BonKredit für Sie.

Die Experten suchen bei bis zu 20 verschiedenen Banken nach dem optimalen Kredit für Sie.

Das Angebot bekommen Sie kostenfrei per Mail.

Die wichtigsten Fakten im Überblick.

Ein Kredit ohne Schufa meint, dass ein Darlehen vergeben wird, ohne dass vorab eine Abfrage bei der Schufa erfolgt.

Alternativ ist auch ein Kredit trotz Schufa möglich. In diesem Fall erfolgt eine Schufa-Abfrage, der Kredit kann aber auch bei nicht perfektem Schufa-Score vergeben werden.
Bei der Schufa handelt es sich um eine deutsche Wirtschaftsauskunftei, in der Finanzdaten über jeden deutschen Bürger gespeichert sind.
Denn die meisten Banken vergeben Darlehen nur an Personen, die keinen negativen Eintrag in ihrer Schufa-Akte vorweisen. Negative Einträge verringern langfristig den persönlichen Schufa-Score.

Bei Bon-Kredit vermitteln wir Ihnen Kredite ohne Schufa und Kredite trotz Schufa – ganz nach Ihrer persönlichen Finanzsituation.

Beantragen Sie direkt Ihren günstigen Kredit ohne Schufa!

Jetzt beantragen!

Autokredit: Die wichtigsten Fakten im Überblick

- Bei einer Autofinanzierung müssen Sie sich zwischen einem Kredit von einer unabhängigen oder von einer Autobank entscheiden.
- Autobanken locken gerne mit einer vermeintlichen Null-Prozent-Finanzierung, die

Ihre kostengünstigen Kredit bekommen Sie hier unter .... klick

allerdings nur unter bestimmten Voraussetzungen für bestimmte Modelle gilt.

- In der Regel verlangen Autobanken den Fahrzeugbrief als Sicherheit, so dass Sie nicht der Eigentümer des Fahrzeugs sind uns es beispielsweise nicht einfach verkaufen können.
- Eine Alternative zum Autokredit stellt das Leasing dar, aber auch sind Sie eingeschränkt und es drohen Zusatzkosten durch verschiedene Klauseln
- Der kostenlose Autokredit-Vergleich von Bon-Kredit.de verschafft Ihnen die günstigsten Konditionen für Ihren Traumwagen bei vollständiger Entscheidungsfreiheit.

Beantragen Sie direkt Ihren günstigen Autokredit

Jetzt beantragen!

Welche Vorteile bietet mir Bon-Kredit?

Das beste Kreditangebot von bis zu 20 Banken
Bon-Kredit hat ausgezeichnete Kontakte zu
Banken im In- und Ausland und garantiert Ihnen
somit die wirklich besten Konditionen für Ihren
Sofortkredit.

Kredit auch in schweren Zeiten
Wir verstehen Ihre individuelle Situation und
ermöglichen unseren Kunden daher auch in vielen
Fällen ein Darlehen, wenn andere schon abgelehnt
haben.

Bequem, sicher und schnell per Post und Email
Überprüfen Sie unser Angebot in aller Ruhe bei
sich zuhause. Sie werden sehen: Bon-Kredit ist
schnell, fair und richtig günstig.

Schnelle Bearbeitung
Mit über 45 Jahren Erfahrung als Kreditbroker hat
Bon-Kredit seine Arbeitsabläufe so gut optimiert,
dass die Erstprüfung innerhalb weniger
Sekunden abgeschlossen ist und Sie sofort per
Email informiert werden über die nächsten Schritte.

In einigen Fällen ermöglichen wir sogar Sofortkredit innerhalb von 24 Stunden!

Ihr Schufa-Score bleibt in der Regel unverändert
Mit einer kostenlosen Angebotserstellung durch Bon-Kredit wird Ihr schufainterner Scorewert nicht beeinflusst.

Niedrige Zinsen ab 4,9%*
Nutzen Sie den Kostenvorteil im Internet und profitieren Sie von den wirklich günstigen Konditionen, die Bon-Kredit Ihnen anbieten wird.
Jetzt kostenlos Sofortkredit anfordern (hier klicken)

aire Partnerschaft
Bei Bon-Kredit stehen Sie als Mensch im Mittelpunkt. Bei uns sind Sie ein geschätzter Kunde, wohingegen so manche Grossbank den Menschen das Gefühl gibt, ein Bittsteller zu sein.

Kostenloser Service
Sie erhalten von Bon-Kredit ein absolut kostenloses Angebot. Sie verpflichten sich mit Ihrer Angebotsanforderung zu nichts. Selbst wenn kein Darlehen vermittelt werden kann oder wenn Sie unseren Vorschlag ablehnen, bezahlen Sie keinen

Cent an Bon- Kredit! Nutzen Sie diesen Vorteil: Jetzt kostenloses Kreditangebot anfordern (hier klicken)

Kredit ohne Schufa ist möglich
Bon-Kredit verhilft seinen Kunden seit mehr als 45 Jahren auch zum Kredit ohne Schufa. Hierbei erfolgt keine Abfrage Ihrer Schufa-Datei und es gibt keinen Eintrag.

Klar verständliche Angebote
Bon-Kredit spielt mit offenen Karten und immer fair: Ihr Kreditangebot ist klar formuliert und für Jedermann sehr leicht verständlich. Ausserdem ist es absolut kostenlos.

Ehrliches Miteinander

Auch mit den besten Kontakten und über 45 Jahren Erfahrung kann Bon-Kredit natürlich nicht jedem zu einem Darlehen verhelfen.
Allerdings werden Sie stets schriftlich über den Stand der Dinge informiert und es entstehen Ihnen zu keinem Zeitpunkt irgendwelche Kosten für die Angebotserstellung.

* Sollzinssatz ab 4,83% (bonitätsabhängig) fest für die gesamte Laufzeit,

Effektiver Jahreszins: 4,90% – 16,90%,
Nettokreditbetrag: 1.000 – 100.000 Euro,

Vertragslaufzeit: 12 – 120 Monate

Repräsentatives Beispiel: Sollzinssatz 6,76% fest
für die gesamte Laufzeit, Effektiver
Jahreszins: 9,95%, Nettokreditbetrag: 10.000 Euro,
Vertragslaufzeit: 72 Monate

Was muss ich jetzt tun?

Um Ihr gratis Kreditangebot schnellstmöglich zu erhalten, stellen Sie bitte online einen kostenlosen Kreditantrag (hier klicken).

Geschafft! Danach lehnen Sie sich zurück und lassen die Kreditexperten von Bon-Kredit das beste Angebot für Sie ausfindig machen.

Dieser Service für Ihr Darlehen kostet Sie keinen Cent.

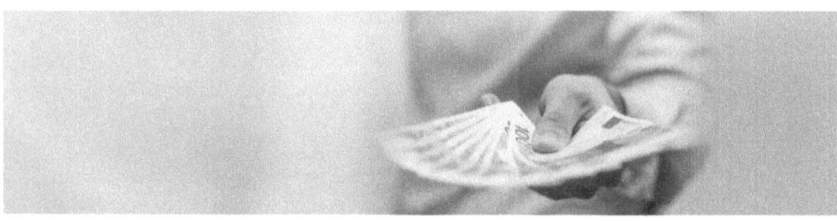

Wichtige Hinweise zum Sofortkredit !

Ein Express- oder Sofortkredit ist eine äußerst unkomplizierte Kreditform. Trotzdem müssen natürlich alle wichtigen Rahmenbedingungen beachtet werden.
Wie beim herkömmlichen Darlehen müssen Sie auch beim Sofortkredit Ihre Identität nachweisen. Da wir bei Bon-Kredit das VideoIdent-Verfahren

anbieten, ist die Verifizierung aber auch online innerhalb weniger Minuten möglich.

Dafür benötigen Sie lediglich eine Webcam bzw. die Kamera Ihres Smartphones oder Tablets sowie ein Ausweisdokument wie den Reisepass oder Personalausweis.

Sofortkredite haben in der Regel übrigens keinen festen Verwendungszweck, sodass Sie über das Geld frei verfügen können. Dies ist besonders von Vorteil, wenn Sie spontan Geld benötigen, beispielsweise zum Ausgleich Ihres Dispos.

Sofortkredit Auszahlung: die Schritt-für-Schritt-Anleitung

Ermitteln Sie Ihre individuelle Kreditsumme::

Im ersten Schritt ermitteln Sie die Höhe der Kreditsumme. Einfach gelingt dies, wenn Sie bestimmte Ausgaben wie eine Autoreparatur oder eine Reise mit dem Sofortkredit finanzieren möchten. Andernfalls müssen Sie kalkulieren, wieviel Geld Sie benötigen. Kalkulieren Sie dabei nicht zu knapp, denn die Aufnahme eines zweiten Kredites ist zeitnah häufig nicht möglich. Wenn Sie eine etwas größere Kreditsumme wählen, haben Sie einen Puffer und können beruhigt schlafen.

Ihre kostengünstigen Kredit bekommen Sie hier unter .... klick

Bestimmen Sie flexibel die monatliche Rate und Laufzeit::

Haben Sie die Höhe des Sofortkredits festgelegt, geht es an die monatliche Rate.
Um abzustecken, welche Raten Sie sich leisten können, ist eine Haushaltsrechnung sinnvoll, in der die monatlichen Ein- und Ausgaben gegenübergestellt werden.
Bei der Erstellung der Haushaltsrechnung erhalten Sie selbstverständlich auch Unterstützung von Bon-Kredit.de, damit Sie weniger Aufwand haben. Mit dem Geld, das Ihnen übrigbleibt, können Sie den Kredit tilgen. Wenn Sie die Rate verringern, verlängert sich automatisch die Laufzeit.

Fragen Sie einen Sofortkredit unverbindlich an:

Über unseren Online-Kreditantrag können Sie bequem und schnell eine Anfrage stellen – ganz ohne Vorkosten.

Wir benötigen nur einige personenbezogene Daten sowie Informationen über Ihre finanzielle Situation.

Daraufhin verhandeln wir mit unseren Partnerbanken das für Sie beste Angebot. Umgehend stellen wir Ihnen die nötigen Unterlagen schwarz auf weiß zur Verfügung und

Ihre kostengünstigen Kredit bekommen Sie hier unter …. klick

Sie müssen sich nur noch entscheiden , ob Sie das Angebot annehmen möchten oder nicht. Dabei unterliegen Sie keinem Druck. Sie können den Kreditvertrag in Ruhe lesen und Ihre Entscheidung überdenken.

Beantragen Sie Ihren günstigen Sofortkredit:

Um den Kredit abzuschließen, müssen Sie den Kreditvertrag unterschrieben an uns zurücksenden.

Mittels PostIdent-Verfahren wird Ihre Identität von einem Postmitarbeiter bestätigt, damit wird die Auszahlung des Kleinkredits in die Wege leiten können.
Das Geld ist dank der Blitzüberweisung von Bon-Kredit.de in der Regel innerhalb von 24 Stunden auf Ihrem Konto.

Alternativ können Sie auch das VideoIdent-Verfahren nutzen. Dadurch sparen Sie sich den Gang zur Postfiliale. Sie können sich direkt mit einer Webcam oder der Kamera Ihres Smartphones oder Tablets identifizieren – in nur wenigen Minuten.

Sofortkredit-Tipps: So erhalten Sie die günstigsten Konditionen!

„Zu guter Letzt möchte ich Ihnen noch aufzeigen, warum der Sofortkredit für jedermann eine finanzielle Hilfe sein kann. Natürlich kann jeder in die Situation geraten, in der unvorhergesehene Zahlungsverpflichtungen die Haushaltskasse überlasten. Das Auto geht kaputt, die Jahresabrechnung des Energieversorgers steht an oder eine Reparatur in der Wohnung muss vorgenommen werden. Immer dann, wenn kurzfristig Geld benötigt wird, kann der Sofortkredit eine Lösung sein."

Die wichtigsten Voraussetzungen für günstige Konditionen

Tipp 1: Kalkulieren Sie Ihren Geldbedarf!
Tipp 2: Senken Sie die monatliche Rate!
Tipp 3: Nutzen Sie die kostenlose Sondertilgung!

Wenn Sie Ihren Bedarf und Ihre Finanzen genau planen, können Sie die besten Konditionen nutzen. Sie sollten die Kreditsumme nicht zu knapp wählen, weil andernfalls zusätzliche Kosten auf Sie zukommen könnten.

Benötigen Sie nach der Bewilligung eines Kredites eine weitere Finanzierung, erweist sich dies meist als schwierig.
Da Sie in solch einem Fall bereits einen Kredit abzahlen, sinkt Ihre Bonität.
Die Banken sind dann häufig nicht bereit, einen weiteren Kredit zu gewähren.
Falls Sie dazu doch bereit sind, steigt der Zinssatz.
Versuchen Sie daher, möglichst nur einen Kredit aufzunehmen, der Ihre gesamten Kosten abdeckt.
Mit einem kleinen Spielraum können Sie stressfrei schlafen und sich die ein oder andere Anschaffung zusätzlich gönnen, ohne in finanzielle Schwierigkeiten zu geraten.

Tipp 4: Verbessern Sie mit einem zweiten Antragsteller Ihre Chancen!

Tipp 5: Nutzen Sie den Kleinkredit von Bon-Kredit.de!

Bei Bon-Kredit.de können Sie für einen Sofortkredit einen zweiten Antragsteller angeben.

Ihre kostengünstigen Kredit bekommen Sie hier unter …. klick

Dies geschieht unkompliziert während der Online-Kreditanfrage.

Der zweite Kreditnehmer muss ebenfalls über ein geregeltes Einkommen verfügen.

Ist die Bonität des zweiten Antragstellers zudem besser, erhöhen sich Ihre Chancen auf eine Auszahlung des Sofortkredits.

Die Banken belohnen die zusätzliche Sicherheit zudem häufig mit besseren Konditionen.

Somit sinken also auch gleichzeitig die monatlichen Raten und die Gesamtkosten.

Als zweiten Antragsteller können Sie eine Person Ihres Vertrauens wählen.

Dabei kann es sich um den Ehepartner, aber auch um Freunde, Verwandte oder Bekannte handeln.

Bei Bon-Kredit.de werden alle Optionen ausgelotet, so dass Sie einen fairen und individuell passenden Kredit erhalten, der ihre individuelle Situation berücksichtigt und Sie nicht benachteiligt. Ist ein Sofortkredit mit Schufa-Abfrage für Sie nicht realisierbar, versuchen wir, Ihnen einen Sofortkredit ohne Schufa zu vermitteln.

Haben Sie den Antrag gestellt, ermitteln wir den für Sie besten Sofortkredit.

Ihre kostengünstigen Kredit bekommen Sie hier unter …. klick

Dafür kooperieren wir mit 20 Banken. Dies hat für Sie zum einen den Vorteil günstiger Konditionen, zum anderen erhöht es die Chance, dass Ihr Sofortkredit bewilligt wird. Worauf also warten? Beantragen Sie noch heute Ihren individuellen Sofortkredit!

Jetzt Sofortkredit beantragen!

KREDIT-INFORMATIONEN

Noch Fragen zu
Ihrem Darlehen?

Wir helfen Ihnen sofort – mit ehrlichen Antworten
auf die häufigsten Fragen zu Krediten
mit und ohne Schufa.

Welche Voraussetzungen muss ich erfüllen?
Voraussetzungen für ein Darlehen mit Bon-
Kredit®:
- Alter: Volljährig, ansonsten keine
  Altersbeschränkung
- Wohnsitz in Deutschland
- regelmäßiges Einkommen (Arbeitnehmer, Beamte,
  Rentner, Selbständige)
  Personen ohne regelmäßiges Einkommen
  (Arbeitslose, Hartz IV, Existenzgründer, Studenten,
  Hausfrauen) benötigen einen zweiten
  Mitantragsteller, der oben genannte Kriterien
  erfüllt.
  Ein negativer Schufa-Eintrag ist bei Bon-Kredit® in
  der Regel kein Problem.

Warum Bon-Kredit auch
Ihnen helfen kann
Wir haben mehr als 45 Jahre Erfahrung
und sind stolz auf über 100.000 ausgezahlte
Kredite für unsere Kunden.

Bon-Kredit findet schnell und unkompliziert einen
Kredit für Sie, auch wenn andere schon abgelehnt
haben.

Wir sind unabhängig
und deshalb nicht verpflichtet, die Produkte
bestimmter Banken anzubieten.

Das bedeutet, dass Sie Ihr Darlehen mit Bon-
Kredit immer dort erhalten, wo es für Sie am
günstigen ist.
Um das optimale Angebot zu finden, vergleichen
wir die

Konditionen von bis zu 20 verschiedenen Banken.

Warum wir Ihnen helfen können Bon-Kredit sucht schnell und GARANTIERT OHNE VORKOSTEN den passenden Kredit für Sie:

Sofortkredit bis 100.000,- Euro Nebenkredit bis 50.000,- Euro Kredit ohne Schufa möglich

Kostenloses Kreditangebot für Angestellte, Beamte, Rentner,

Selbständige Mit mehr als 40 Jahren Erfahrung findet Bon-Kredit auch in schwierigen Fällen Wege für Ihren Ratenkredit.

Ihr Kreditangebot ist 100% kostenlos und verpflichtet Sie zu nichts.

>> JETZT KOSTENLOS KREDIT ANFORDERN
(hier klicken) <<

Informationen

- Allgemeine Geschäftsbedingungen
- Datenschutz
- Kreditinfos
- Schufa Infos
- Übersicht

® "Bon Kredit" ist eine eingetragene Marke beim Deutschen Patent- und Markenamt unter den Registernummern 302008066972 und 302009007365.

---

i

www.ingramcontent.com/pod-product-compliance
Lightning Source LLC
Chambersburg PA
CBHW030546220526
45463CB00007B/3003